Eduardo Tamayo Belda

Freiheit

Titelbild: Marina Fuchs, LZT.

Eduardo Tamayo Belda (Madrid, 1984) ist Historiker an der Universidad Autónoma de Madrid (Spanien) und hat einen Master-Abschluss in Politikwissenschaft der Universidad Nacional de Asunción (Paraguay). Derzeit ist er Doktorand für Zeitgeschichte an der Universidad Autónoma de Madrid, wo er an seiner Dissertation über die Geschichte der spanisch-paraguayischen Beziehungen während des Kalten Krieges arbeitet. In den letzten Jahren hat er als Referent, Organisator und Assistent an zahlreichen Seminaren, Kongressen und anderen akademischen Treffen in mehreren europäischen und lateinamerikanischen Ländern teilgenommen und war Koordinator von Projekten, Sammelarbeiten und Dossiers in akademischen Zeitschriften.

Landeszentrale für politische Bildung Thüringen
Regierungsstraße 73, 99084 Erfurt
www.lztthueringen.de
2024

ISBN: 978-3-910740–12-9

Inhalt

Wir sind soziale Wesen

Es ist wahrscheinlich, dass es im Laufe der Menschheitsgeschichte so viele Formen von Freiheit und so viele Konzepte oder Arten, sie zu verstehen gegeben hat, wie es Menschen gibt. Dies macht, über Freiheit zu schreiben, so schwierig.

Freiheit im Sinne von menschlicher Freiheit hat zwei zentrale Aspekte: Den individuellen und den sozialen. Wenn wir also über Freiheit sprechen, müssen wir nicht nur den individuellen Aspekt dieser Freiheit berücksichtigen, sondern auch den sozialen Aspekt. Es ist wichtig, von diesem Punkt aus zu beginnen, denn, wenn man über jede Art oder jedes Modell von Freiheit spricht, wird dieses Thema immer präsent sein. Wenn wir uns beispielsweise im ersten Kapitel das Konzept des edlen Wilden anschauen, dürfen wir nicht vergessen, dass dieses Individuum als prähistorischer Mensch, als Homo Sapiens, in erster Linie ein soziales Wesen war.

Warum ist das wichtig? Obwohl unsere Fähigkeit zur Abstraktion es uns ermöglicht, uns als ein völlig individualisiertes Subjekt getrennt vom Rest unserer Gemeinschaft zu verstehen, waren die Menschen in der Praxis schon immer soziale Wesen. Folglich waren das Erlernen und die Einbindung jedes Einzelnen in ein Geflecht von Bräuchen und Gewohnheiten seit Beginn der menschlichen Entwicklung ein Muss für die Mehrzahl der Individuen.

Das bedeutet nicht, dass wir nicht in Einsamkeit leben oder lediglich minimal mit menschlichen Gruppen interagieren können, ohne für unseren Lebensunterhalt von ihnen abhängig zu sein. Der Punkt ist, dass dieses Verhalten in unserer Entwicklung als Spezies, trotz der Ausnahmen, keine Konstante war. Aus diesem Grund waren und sind unsere Bräuche, unser Alltag und unsere Überzeugungen (religiös, politisch, sozial, rechtlich oder wirtschaftlich) im Wesentlichen von Gruppen oder Gemeinschaften bestimmt. Unsere Kultur ist sozial.

Wenn wir also über uns als Menschen oder über unsere Freiheit nachdenken, tun wir es als Individuen, die sich von den anderen unterscheiden, aber wir betrachten uns immer als Subjekte, die von anderen Individuen umgeben sind, mit denen wir unweigerlich interagieren. Deshalb wird unser Verständnis von Freiheit immer auch von dieser Beziehung des *Ichs* mit anderen Menschen als Gemeinschaft bestimmt.

Freiheit im westlichen Verständnis

Der Gegensatz zwischen Freiheit und Autorität war der entscheidende Gegensatz in Europa. Seit der klassischen griechisch-römischen Welt, dem europäischen Mittelalter bis hin zum 15. Jahrhundert kam es zu Kontroversen zwischen Individuen – oder bestimmten Gruppen – und Herrschern oder der herrschenden Gruppen. Freiheit wurde als Schutz vor Tyrannei oder Übergriffen verstanden.

Allerdings veränderte der Entstehungsprozess moderner Staaten zwischen dem 15. und dem 19. Jahrhundert diese Vorstellung von Freiheit allmählich. Dies ist vor allem auf die Stärke der neuen Institutionen und die Zentralisierung der staatlichen Macht zurückzuführen. Ab dem 19. Jahrhundert und insbesondere im 20. Jahrhundert gab es Bestrebungen diese starke zentrale Regierungsmacht einzudämmen und zu kontrollieren.

Seitdem Staaten im 20. Jahrhundert eine so starke Fähigkeit zur Unterdrückung und Kontrolle der Bürger erlangt haben, sind Vorsichtsmaßnahmen gegen Machtmissbrauch durch Regierungen besonders sinnvoll.

Auf den nächsten Seiten widmen wir uns der Frage, wie diese Beziehung zwischen Individuen, ihrer Gemeinschaft und dem modernen Staat als institutioneller Ausdruck dieser Ansammlung von Individuen entstand. Zusammenfassend lässt sich sagen, dass das Schreiben über Freiheit darin besteht, die Beziehung zwischen Individuum und Gemeinschaft sowie den Gegensatz Freiheit-Autorität zu bewerten.

Als »Der kleine Prinz« des französischen Schriftstellers Antoine de Saint-Exupéry andere Asteroiden besuchte und lernte, wie man regiert, traf er auf den alten absoluten König des Asteroiden 325. Der König, der auf seinem Thron saß,

»Der kleine Prinz« im gleichnamigen Animationsfilm von 2015.

verlangte, dass seine Autorität respektiert werden müsse und ließ keinen Ungehorsam zu, gab aber nur »vernünftige Befehle«, denn das seien, wie er dem kleinen Prinzen sagte, diejenigen, die das Volk ausführen könne. »Die Autorität beruht vor allem auf der Vernunft [...]«, hieß es zur Begründung. Hier greift Saint-Exupéry einen weiteren Aspekt der Debatte um Freiheit auf: die Vernunft. Als vernünftig gilt all jenes, was »zu Recht« gefordert wird.

Die natürliche Freiheit des edlen Wilden

Ab dem 15. Jahrhundert entstanden im modernen Europa mit den Kontakten zu unterschiedlichen Zivilisationen neue philosophische Debatten. Zunächst verbreiteten sie sich in einigen Institutionen des spanischen Königreichs, das zunächst in Mittel- und Südamerika präsent war, und später in den übrigen europäischen Macht- und Denkräumen. Gegen Ende der Neuzeit wurden diese Überlegungen zur Natur des Menschen in Jean Jacques Rousseaus Werk: *Discours sur l'origine et les fondements de l'inégalité parmi les hommes* (1755) philosophisch niedergeschrieben. Rousseau stellte fest, dass der Mensch von Natur aus gut sei. Eine Annahme, die wir heute auch als Mythos vom »edlen Wilden« kennen. Laut Rousseau erzeugte die Gesellschaft und ihre Machtinstitutionen unter den angeblich freien, gleichen und friedlichen Individuen Konflikte und Gewalt, zumal sie Gier und Machthunger förderten.

In weiten Teilen des westlichen Denkens war die Idee verwurzelt, dass Freiheit und friedliche Natur des edlen Wilden dem Menschen in seinem Naturzustand innewohnen. Erst gesellschaftliche Normen, Hierarchien und staatliche Institutionen zerstörten angeblich diesen Urzustand. Wichtige europäische Denker des 17. und 18. Jahrhunderts sahen die Verfolgung individueller oder kollektiver Interessen als Ursache von Gewalt zwischen den Menschen. Sie waren der Ansicht, dass diese natürliche Freiheit, in der sich die Menschen bis dahin befanden, von komplexen Gesellschaften zwingend zerstört würde.

Portrait des französischen Schriftstellers und Philosophen Jean-Jacques Rousseau (1712–1778), Pas-
tell von Maurice Quentin de La Tour, 1753.

Freiheit in der griechisch-römischen Welt

Das politische Denken der so genannten klassischen Welt (altes Rom und altes Griechenland) ist für das Verständnis des zeitgenössischen europäischen und westlichen politischen Denkens von entscheidender Bedeutung. Darüber hinaus haben die europäischen Kolonisierungsprozesse vom 15. bis zum 20. Jahrhundert dieses Denken in andere Regionen der Welt verbreitet.

Die römische politische Gemeinschaft bildete sich durch den Zusammenschluss von Menschen in einem Gebiet entlang des Tiber in der Mitte des 8. Jahrhunderts v. Chr. Dort entstand eine Gemeinschaft aus verschiedenen ethnischen Gruppen mit dem Willen zur Vereinigung und Unterwerfung unter gemeinsame Entscheidungen. Dies bedeutete die Überwindung der in Stämme gegliederten Gesellschaft (lateinisch *gens)* und ihre Entwicklung hin zu einem politischen Gemeinwesen, das sich um das Konzept der *civitas* (Bürgerschaft) organisierte. In dieser *civitas* wurden die zusammengeschlossenen Gruppen aus freiem Willen in eine Gemeinschaft *freier Menschen* überführt. So wurde im antiken Rom die Idee der *libertas* (Freiheit) als freiwillige Einhaltung des gemeinsam beschlossenen Gesetzes verstanden. Den Gegensatz bildete ein Staatsaufbau, in dem der freie Wille eines Tyrannen wirkte.

Ein ähnlicher Prozess hatte im antiken Griechenland mit der Bildung der *poleis* (Stadtstaaten) stattgefunden. Philosophisch gesehen wurde die natürliche Freiheit im antiken Griechenland als Freiheit vom Schicksal eines Subjekts verstanden. In ihrer politischen Konzeption bezog sich Freiheit jedoch auf die Fähigkeit einer Gemeinschaft, effektiv über ihr eigenes kollektives Schicksal zu entscheiden. Daher entstand im antiken Griechenland ein gewisser Widerspruch: Als *frei* galt nicht derjenige, der in der Lage war, das zu tun, was er wollte, sondern derjenige, der sich entschied, im Einklang mit den Vorgaben einer Gemeinschaft zu handeln, die er zu respektieren bereit war, und der sein Wort hielt.

Mit der römischen *civitas* und der griechischen *polis* entstand in Westeuropa ein Freiheitsbegriff, der auf dem freiwilligen sozialen Zusammenschluss innerhalb einer souveränen, friedlich organisierten Gemeinschaft beruhte. Weder das eine noch das andere war immer gegeben, aber in der Theorie war dies die Grundlage für diese Vorstellung von Freiheit. *Freiheit* bedeutete die Verpflichtung, friedlich in der Gemeinschaft zu leben. So war in der klassischen Welt jene Person frei, die zur Gesamtheit der römischen *civis* oder des griechischen *demos* (Staatsvolk) gehörte, also der Bürger.

Das römische »Forum Romanum« heute, in der Antike ein zentraler gesellschaftlicher Ort der Stadt.

Freiheit im europäischen Mittelalter

Die Veränderungen im Römischen Reich zwischen dem 3. und dem 5. Jahrhundert n. Chr. bewirkten den Übergang von einer Sklavenhalter- zu einer feudalen Gesellschaft. Damit verbunden veränderten sich auch die Vorstellungen von Freiheit. Die Veränderungen ergaben sich aus dem Ende der territorialen Ausdehnung des Römischen Reiches, der Zunahme der Freilassungen von Sklaven, der demografischen Krise und dem Einfluss des Christentums. All das führte dazu, dass die Sklaverei durch eine allgemeine Leibeigenschaft ersetzt wurde. Siedler oder Bauern galten als *freie Menschen*, durften aber das Land, das sie bewirtschafteten, nicht ohne Erlaubnis des Grundherrn verlassen. Sie waren dem Land selbst angegliedert oder ihm unterworfen und somit von dem Grundherrn abhängig, dem es gehörte.

Zwischen dem 11. und dem 15. Jahrhundert entwickelte sich das System, das wir als *Feudalismus* kennen, in vollem Umfang. Der Feudalismus war gekennzeichnet durch persönliche Abhängigkeitsverhältnisse in den verschiedenen sozialen Schichten, durch den Vorrang des Bodens als Quelle des Reichtums und durch eine Zersplitterung der politischen Macht. Bauern wurden zu Leibeigenen (nicht zu Sklaven) mit ganz unterschiedlichen Rechten und Pflichten. Es gab Leibeigene, die Land besaßen und volle Freiheit genossen. Es gab auch Leibeigene, die in sklavenähnlichen Arbeitsverhältnissen standen.

Das Verhältnis vom Bauer zum Grundherren wurde im Wesentlichen durch die Verleihung von Grund und Boden zur Nutzung bestimmt. Der Grundherr verlieh an seinen *Vasallen* oder *Leibeigenen* (den Bauern) Land zur Nutzung. Als Gegenleistung hatte der Nutzer Abgaben und Dienste an den Grundherren zu

Mittelalterliche Abbildung eines Vogtes mit seinen Leibeigenen, Queen Mary's Psalter, ca. 1310.

leisten. Grundsätzlich blieb der abhängige Bauer jedoch frei. In den letzten beiden Jahrhunderten des Mittelalters wurden die Besitztümer der Grundherren zu immer größeren Gemeinschaften zusammengefasst und politisch durch Vasallität verbunden.

Freiheit in Renaissance und Aufklärung

Im 15. und 16. Jahrhundert kam es zu radikalen Umwälzungen im philosophischen Denken. Der Zugang zu Universitäten, zu mehr Bildung insgesamt, hatte zusammen mit der Entdeckung der Welt durch europäische Staaten zu breiten kulturellen Einflüssen geführt. Die Renaissance als Name der Epoche war Programm. Denker der Renaissance setzten sich mit dem griechisch-römischen Denken auseinander, um eine intellektuelle und politische Erneuerung zu erreichen. Für das Konzept der Freiheit waren zwei Denkmuster von Bedeutung. Einerseits löste sich das Denken von den theologischen Vorgaben des mittelalterlichen Christentums. Andererseits wurden die modernen zentralisierten Monarchien als der Freiheit hinderlich angesehen. Freiheit wurde nun nicht mehr sozial, sondern individuell definiert. Unabhängig von seiner sozialen Stellung, konnte ein Mensch in unterschiedlichen Formen frei oder gebunden sein. Das wurde während der liberalen Revolutionen, die sich später im 19. Jahrhundert in ganz Europa und Amerika ausbreiteten, deutlicher.

Zu dieser Zeit hatte der britische Denker John Locke (1632–1704), der als Begründer der individuellen Rechte anerkannt ist, enormen Einfluss. Laut Locke sollte der Staat drei Rechte schützen, die er als natürliche Rechte bezeichnet: Leben, Freiheit und Privateigentum. Drei Rechte, denen er ein viertes Recht hinzufügte: das Recht, diese Privilegien sowie die Freiheit jedes einzelnen Bürgers zu verteidigen.

Darüber hinaus beeinflusste der französische Baron de Montesquieu das Denken. Er setzte sich für religiöse Toleranz, das Streben nach Freiheit und ein Konzept des Glücks im bürgerlichen Sinne ein. Der preußische Philosoph Immanuel Kant (1724–1804) gilt als Begründer des philosophischen

Portraits der Schriftsteller und Philosophen Charles de Montesquieu (1689–1755) und John Locke (1632–1704).

Liberalismus. Kant proklamierte die Souveränität rationaler Wesen und die Bedeutung des ständigen Kampfes für die Freiheit und verband diese Freiheit mit der Freiheit des Denkens und der Redefreiheit. Für Kant bestand Freiheit dann, wenn man die Möglichkeit besaß, seine Meinung öffentlich zu äußern.

Zu dieser Zeit war es von Bedeutung, dass Kant Freiheit auch mit der Fähigkeit eines jeden Menschen verband, seinem eigenen Gesetz zu folgen, was er Autonomie nannte. Darüber hinaus stellte Kant in Bezug auf das Verhältnis zwischen Freiheit und Staat fest, dass dieser seinen Zweck nur erfüllte, wenn er die Freiheit aller Individuen gewährleistete, die ihn bilden. Dies hatte großen Einfluss auf das spätere politische Denken. Alle diese Denker waren Teil dessen, was wir als Aufklärung bezeichnen. Ihr Denken bildete den ideologischen Auftakt zur Französischen Revolution und den Revolutionen des 19. Jahrhunderts.

Die Französische Revolution:
Liberté, Égalité, Fraternité

Während der Französischen Revolution (1789) wurde viel aus der griechisch-lateinischen Denktradition übernommen, dies aber mit den im 18. Jahrhundert entwickelten liberalen Ideen ergänzt. In seinem Werk *De la liberté des Anciens comparée à celle des Modernes* aus dem Jahr 1819 legte Benjamin Constant (1767–1830) dar, dass Freiheit in der Antike als Verteilung der gesellschaftlichen Macht unter den Bürgern verstanden worden sei. Freiheit in der Moderne bestehe darin, den Institutionen jene Fähigkeiten zu verleihen, um allgemeine Sicherheit zu gewährleisten, die es jedem Einzelnen nach eigenem Ermessen ermöglicht, seine Privatsphäre zu genießen.

Während der Französischen Revolution rückte die Freiheit in den Mittelpunkt der politischen Debatte und wurde eng mit der Idee des Eigentums verknüpft. Freiheit sollte nicht nur als Freiheit des Denkens verstanden werden, sondern alles umfassen, was mit Privateigentum als Wert zusammenhing. Privates sollte vom Staat garantiert werden. Dies gilt als politischer Grundsatz sowohl für die liberalen Staaten des 19. Jahrhunderts wie für die Demokratien des 20. Jahrhunderts bis heute. Dies hatte zur Folge, dass die Rolle der Zentralgewalt neu bewertet wurde. Der Staat sollte individuelle Freiheit garantieren und zugleich davon absehen, diese einzuschränken.

Demgegenüber trat der Begriff der Gleichheit zunächst zurück. Zentrale Bedeutung erlangte die Gleichheit erst mit dem Aufkommen des (vormarxistischen) Sozialismus und ab der Mitte des 19. Jahrhunderts mit dem *historischen Materialismus* von Karl Marx (1818–1883) und Friedrich Engels (1820–1895), der 1848 unter anderem im *Manifest der Kommunistischen*

Partei zum Ausdruck kam. Dieses neue kommunistische Denken steht im Widerspruch zu den etwas älteren Ideen von Georg Wilhelm Friedrich Hegel (1770–1831). Für Hegel wurde der Fortschritt der Menschen in Richtung Freiheit durch Vernunft bestimmt, während für Marx dieser Kampf um die Freiheit, den er als die treibende Kraft des geschichtlichen Fortschritts bezeichnete, von den menschlichen Produktivkräften (d. h. den materiellen oder sozioökonomischen Faktoren) bestimmt wurde.

Später führte der stark zentralistische und staatliche Charakter des Kommunismus zur Entstehung anarchistischer Denkströmungen, in denen Gleichheit für das Leben in der Gesellschaft wichtig ist, der individuellen Entfaltung jedoch größte Bedeutung beigemessen wird. Im Anarchismus ist die freiheitliche Komponente von grundlegender Bedeutung mit einem starken Kampf gegen das traditionelle Konzept der Autorität als Feind der Freiheit.

In gewisser Weise ist Freiheit, wie sie seit dem 19. Jahrhundert verstanden wird, untrennbar mit der Voraussetzung der Achtung der Gesetze verbunden. Diese Achtung der Gesetze wird als Ausdruck des Volkswillens der *demos* (Bürger) einer Gemeinschaft verstanden, entweder direkt oder durch ein repräsentatives System.

Ölgemälde zur Julirevolution 1830 in Paris von Eugène Delacroix unter dem Titel »Die Freiheit führt das Volk«.

Interkulturalität: Freiheit an anderen Orten verstehen

Bis hier wurde der Begriff der Freiheit stark auf Europa zentriert dargestellt. Dabei gibt es ein Verständnis von Freiheit auch in anderen Kulturen.

Freiheit in der chinesischen Gesellschaft

Ohne Verweise auf Konfuzius ist es nicht möglich, soziopolitische, philosophische, religiöse oder kulturelle Themen in China zu analysieren. Konfuzius war ein Lehrer und Schriftsteller, der zwischen dem 6. und 5. Jahrhundert v. Chr. lebte. Sein Denken bestimmte schließlich die fernöstlichen Denktradition. Seit mehr als 2000 Jahren hat sich der Konfuzianismus als Denkströmung in China etabliert.

Obwohl es verschiedene konfuzianische Schulen und Traditionen gibt, gilt allgemein, dass im konfuzianischen Denken Ausgangs- und Zielpunkt übereinstimmen und die Elemente in ausgewogener Weise in einer Einheit harmonieren. Der Konfuzianismus verstand Mensch, Natur und Gesellschaft als eine organische, harmonische Beziehung.

Aus diesem Grund hatte das Individuum in den Werten und Ideen der chinesischen Gesellschaft einen geringeren Stellenwert als im europäischen Denken. Ab dem 18. Jahrhundert jedoch entwickelten die so genannten *praktischen Konfuzianer* durch den zunehmenden Kontakt mit westlichen Denkern die Vorstellung, dass es in der menschlichen Natur durchaus individuelle Persönlichkeit gibt, die in jedem Menschen unterschiedlich sein kann.

Der Geist impliziert ein Bewusstsein des Subjekts und der Subjektivität. Im Laufe der Zeit kam es zu einer Einbindung der individuellen Freiheit innerhalb des harmonischen Ganzen. Im Rahmen des konfuzianistischen Denkens wurde nun davon ausgegangen, dass jedes Subjekt Rechte hat, einschließlich des Rechts auf Selbstbestimmung. Diese Selbstbestimmung wird durch jenen Teil des Individuums bestimmt, der in Übereinstimmung mit seiner menschlich-subjektiven Natur handelt. Das Individuum wiederum befindet sich innerhalb sozial-natürlicher Grenzen, und ist weiterhin der Harmonie verpflichtet.

In der japanischen Gesellschaft

Obwohl der Buddhismus seinen Ursprung in Indien hat, weist Japan in seiner philosophischen Tradition starke buddhistische Einflüsse auf, die bereits im 6. Jahrhundert aus China kam. Die japanischen Denkschulen haben auch auf anderes Denken zurückgegriffen, von dem der Zen-Schule über den Konfuzianismus und den Shintoismus und bis hin zur modernen und zeitgenössischen akademischen Philosophie.

Ein zentrales Element im Buddhismus ist, dass der Mensch im Gegensatz zum Tier die Freiheit und die Fähigkeit hat, gute oder schlechte Handlungen jenseits seiner Instinkte auszuführen. Daher ist Freiheit im Buddhismus eng mit sozialem Handeln und mit dem Verhalten gegenüber anderen verbunden. Tatsächlich hebt die buddhistische Philosophie die soziale Rolle von Arbeit als Beitrag zum Ganzen und als Befreiung vom individualistischen Denken (Egozentrismus) hervor. Im buddhistischen Denken soll Arbeit, also die Arbeit des Einzelnen in der Gesellschaft, seine Fähigkeiten steigern und ihm Würde und Freiheit verleihen.

Eine japanische Eigenheit bildet die Kultur der Samurai. Die Samurai waren eine militärische Elite, die Japan vom 10. bis zum 19. Jahrhundert regierte. Aber ab dem 17. Jahrhundert, als sie nicht mehr für militärische Zwecke benötigt wurden, dienten sie als moralische Lehrer und Berater innerhalb der Gemeinschaft. Der bekannte *Bushido-Kodex* (»Weg des Kriegers«) ist eine sehr strenge ethische Verpflichtung, die aus sieben Prinzipien besteht. Neben Menschlichkeit (Jin) werden auch militärische Tugenden wie Mut (YU) oder Loyalität (Chugi) gefordert. Eingebettet ist dies in die Vorstellung, Menschen sollten ihre Angst vor dem Tod verlieren, nur auf diese Weise könnten sie frei handeln.

Vor der Moderne basierte die japanische Philosophie stark auf der chinesischen und hinduistischen Philosophie, doch ab dem 16. Jahrhundert wurde sie durch den kulturellen und intellektuellen Kontakt mit dem Westen verändert. Die Übersetzung der Werke *On Liberty* von John Stuart Mill und *Self-Help* von Samuel Smiles ins Japanische im Jahr 1871 eröffnete den japanischen Denkern, Elemente der angelsächsischen liberalen Tradition. Die neuen Einflüsse wurden in das traditionelle Schema der Familie und der Gemeinschaft eingebunden. Dennoch kommt es immer wieder zu Spannungen zwischen dem traditionellen Gesellschaftsbild und dem stärker von Individualität bestimmten modernen Leben.

In islamischen Gesellschaften

Die Debatte über Religion und Freiheit zwischen dem, was wir den Westen und die muslimische Welt nennen, wird sehr intensiv geführt. Das liegt vor allem daran, dass in der islamischen Freiheitsauffassung Religion eine grundlegende Rolle spielt. Für viele islamisch konstituierte Staaten ergibt sich bereits ein Konflikt mit der Allgemeinen Erklärung der Menschenrechte von 1948. Der Vorwurf lautet, dass die Menschenrechte hier gemäß modernem westlichen Denken formuliert seien und daher im Islam nicht übertragbar seien.

Der Islam beruht auf dem Koran, der im 7. Jahrhundert entstand. Aber nicht nur der Koran und seine Interpretation wirken sich auf Vorstellungen von Freiheit einer islamischen Gesellschaft oder eines islamischen Staates aus, es gibt noch ein weiteres grundlegendes traditionelles Rechtssystem: die *Scharia*, die wir als Gesetzeswerk bezeichnen können. Die Scharia wurde in der ersten Phase des Kalifats lange nach Mohammeds Tod entwickelt und erweitert oder etabliert individuelle, familiäre und soziale Regeln, denen ein Muslim folgen soll. Der Verhaltenskodex bestimmt die meisten Aspekte des Lebens, inklusive der Vorstellung von Freiheit.

Einige Gebote, die vorgeblich im Koran oder in der Scharia verankert sind, verstoßen nach Einschätzung von Muslimen und Nicht-Muslimen gegen zentrale Bestandteile menschlicher Freiheit und Würde. Einige Muslime argumentieren, dass das islamische Recht mit der Gedanken-, Meinungs- und Handlungsfreiheit im modernen Sinne vereinbar sei. Es gibt auch islamische Länder, die in ihre Gesetze Elemente integrieren, die grundlegende Freiheiten garantieren. Allerdings bleibt die Debatte über die unterschiedlichen Vorstellungen von Freiheit oft ergebnislos, denn es gibt eine Schwierigkeit: Der Islam ist eine Religion, kein politisches Programm. Folglich ist die Auslegung auch eine Gewissensfrage, weil es ein Akt des Glaubens ist.

Die muslimische Auffassung von Freiheit bewegt sich in einer gewissen Zweideutigkeit, da einerseits davon ausgegangen wird, dass alles in den Händen Gottes liegt und somit vorherbestimmt ist. Aber andererseits wird die Vorstellung akzeptiert, dass es einen freien Willen gibt, den jeder Einzelne hat, obwohl dieser freie Wille den Bedürfnissen und dem Nutzen der Gemeinschaft untergeordnet werden sollte. Die *Freiheit* eines Muslims ist insofern eingeschränkt, dass er oder sie den Islam nicht mehr verlassen kann, sobald er oder sie zu dieser Religion konvertiert ist. Jede Person unterliegt damit unwiderruflich der *Scharia*. Allerdings gibt es in islamischen Gesellschaften und im islamischen Denken auch Stimmen, die darauf verweisen, dass der Koran und das Wort des Propheten Mohammed Religionsfreiheit und Toleranz legitimieren. Hier wird die Rückkehr muslimischer Denker zum Koran und dem Propheten gefordert, wodurch sich das dogmatische Gewicht der Scharia verringert.

In traditionellen afrikanischen Kulturen

Wenn wir über Afrika und Freiheit sprechen, müssen wir uns fast zwangsläufig mit dem historischen Phänomen der Sklaverei und seinen Folgen im afrikanischen Denken und im zeitgenössischen globalen Denken befassen. Die Sklaverei war im Mittelmeerraum seit der Zeit der Ägypter, Griechen, Römer und Araber konstant vorhanden. Doch ab dem 16. Jahrhundert führten europäische Länder Sklaverei als Produktionsform so massiv ein, dass sie letztendlich die gegenwärtigen afrikanischen und afro-kolumbianischen Denkweisen maßgeblich beeinflusste.

Die Sklaverei zwang Millionen von Menschen aus Afrika nach Amerika und in einige Gebiete Asiens und verursachte nicht nur einen schmerzhaften Prozess des Leidens und der Unwürdigkeit dieser Menschen, sondern auch eine kulturelle und territoriale Entwurzelung. Die Auswirkungen der gewaltsamen Entwurzelung der Gemeinschaft sind zusammen mit der historischen Erfahrung der Sklaverei Elemente, die in Afrika präsent sind. Unter Freiheit wird daher die Wiederherstellung der Werte und Bräuche der älteren Kultur verstanden, die durch den Prozess der Sklaverei vom 16. bis 19. Jahrhundert eingeschränkt wurden. Zu beachten ist, dass Afrika keine Einheit bildet. Wir werden uns auf einige Aspekte der traditionellen Kulturen jener Regionen mit dezentralisierten Gesellschaften konzentrieren, die aus Gruppen von Dörfern ohne feste politische Verbindung bestehen, die in der afrikanischen Geschichte die Mehrheit darstellen.

In diesen Gesellschaften, die auf Clanorganisationen basieren, die nicht unbedingt territorial fixiert sind, war der Grad der Machtkonzentration sehr begrenzt und im Allgemeinen gab es einen Rat der Gemeindeältesten. Die Beteiligung aller Erwachsenen an gemeinschaftlichen Entscheidungen war üblich und erfolgte durch persönliche Konsultationen oder gemeinschaftliche Beratungen. Die Gemeinschaft wurde durch Konsens bei einem Entscheidungsprozess von unten nach oben organisiert.

In diesen Gesellschaften war das Gefühl tief verwurzelt, dass, alles, was der Gemeinschaft schadet, auch dem

Einzelnen schadet. Daher orientierte sich das Verhalten jeder Person an den allgemeinen Gepflogenheiten mit recht geringen individuellen Abweichungen, wodurch Konflikte vermieden wurden. Bei Problemen, wurden diese durch gemeinschaftliche Schlichtung gelöst. Dabei war es unüblich auf Strafen zurückzugreifen, sondern eher auf einen Konsens zwischen den Parteien. Diese Art der Konfliktlösung führte zu einem tieferen und verantwortungsvolleren Freiheitserlebnis als das bei individualisierten Strafen möglich gewesen wäre.

Ureinwohner Amerikas: Freiheit in der Guaraní-Kultur

Amerika ist ein sehr großer und vielfältiger Kontinent, sodass nicht von einem Konzept der Freiheit für alle Gesellschaften des Kontinents gesprochen werden kann. Wir werden uns auf eine davon konzentrieren: die Guaraní-Kultur, die typisch für die Völker ist, die die Einzugsgebiete der Flüsse Paraguay, Paraná und Uruguay, welche im Gebiet der heutigen Länder Brasilien, Paraguay, Argentinien und Uruguay liegen, bewohnten – und zum Teil noch bewohnen.

Alles Leben wurde als ein einziges Ganzes gesehen, das im Gleichgewicht funktionierte. In dieser Weltanschauung gab es keine Wertunterschiede zwischen den Elementen wie Wasser, Land, Pflanzen, Tieren, Menschen usw. Jedes Lebewesen, jedes in der Natur vorkommende Element hatte einen Wert für das System und sollte daher respektiert werden.

Die Guaraní waren in Großfamilien organisiert und verfügten über ein hohes Maß an politischer und wirtschaftlicher Autonomie. Die höchste Ebene ihrer sozialen Organisation war die *Tekóa*, die eine ähnliche räumliche Dimension hatte wie ein Dorf oder eine Gruppe von kleinen Siedlungen. Darüber hinaus bildete die Organisation der Guaraní-Stämme keine komplexe Gesellschaft im Stil eines modernen Staates oder eines antiken Stadtstaates. Sie entwickelten weder institutionelle Strukturen noch vereinheitlichten sie ihre Gemeinschaftssysteme durch Gesetze.

Allerdings verfügten sie über ein sozial-regionales Bewusstsein namens *Guara*. Die *Guaras* waren die Territorialgebiete, in denen jede Gruppe jagte, fischte, sammelte und in einer offenen Gemeinschaft lebte. Das Guara-System stellte einen grundlegenden Bestandteil der Beziehung zwischen den verschiedenen Guaraní-Stämmen dar und begrenzte die natürlichen Aktivitätsgrenzen jedes Stammes. Insgesamt waren die Guaraní-Völker durch mehrere Faktoren verbunden: eine gemeinsame Sprache, eine gemeinsame materielle Kultur, eine Lebensweise (die Tekoporã oder gute Lebensweise) und ein gemeinsames mystisch-religiöses Denken (die ñande-reko-marangatu). Diese Elemente haben sie als Volk geprägt und ihnen eine Gruppenidentität verliehen.

Für die verschiedenen Guaraní-Völker ist Freiheit *teko katu*, das »gute Leben«, das freie Leben auf traditionelle Weise, das freie Leben im Dschungel, das ihnen von ihren Vorfahren vererbt worden ist. Um diese Freiheit der Guaraní genießen zu können, ist es jedoch auch wichtig, Aggressivität zu kontrollieren und keine Gewalt innerhalb der Gemeinschaft anzuwenden.

Die Ideen der *Selbstbeherrschung* und der *Klugheit* sind im Guaraní-Konzept der *arakuaá*, etwas, was mit der Idee der Reife verwandt ist, enthalten. Daher gilt die Person, die die *Py'a Guasu* (*Herzensgröße*) erreicht hat, als auf dem Weg der Fülle oder völliger Zufriedenheit, der auf Guaraní *Aguyje* genannt wird, ein Wort, das auch Dank bedeutet. Die Idee des Weges ist in der Weltanschauung der Guaraní ebenfalls sehr wichtig, denn der Weg gilt als Symbol der Freiheit, sodass das Land selbst und das Leben auf ihm ein zu begehender Raum sind: Für die Guaraní ist ein begangenes Land ein Raum, der kultiviert, bewohnt und vermenschlicht wird, ein Raum, in dem Wege geöffnet werden können und in dem man frei gehen kann.

Fotografie einer Gruppe von Guaraní, 1895.

Freiheit in der heutigen internationalen Gesellschaft

In diesem letzten Kapitel geht es darum, zu erklären, wie das Regime der Freiheit bzw. der Freiheiten in den heutigen westlichen Gesellschaften sowie im internationalen System funktioniert und einige der Tendenzen aufzuzeigen, die die gängige Auffassung von Freiheit in den letzten Jahrzehnten in Frage stellen oder untergraben.

Individuelle Freiheit, Gemeinschaftsleben und politische Institutionen

Menschen können leicht ihre Freiheit als Individuen definieren. Allerdings ist es wenig sinnvoll, über Freiheit in einem Kontext völliger Isolation nachzudenken, denn hier gäbe es niemanden, der die Freiheit beschränken könnte.

Daher basiert die Freiheitsdebatte auf der Tatsache, dass Menschen soziale Wesen sind. Diese Gemeinschaftsbindungen sind die Summe unserer eigenen individuellen Entscheidungen und Erfahrungen. Unser gemeinsames kulturelles Erbe basiert darauf.

Unsere Grundidee von Freiheit ist heute durch eine recht komplexe Struktur von Rechten und Pflichten gekennzeichnet. Darüber hinaus wird diese Struktur durch unsere eigenen persönlichen und kulturellen Vorstellungen bestimmt, das heißt durch unsere Art, die Welt zu sehen und uns selbst zu erklären. Die Konsequenz daraus ist, dass nicht jeder Mensch seinen Freiheitszustand in der gleichen Weise interpretiert.

Nach unserem heutigen Freiheitsverständnis muss diese Struktur von Rechten und Pflichten in Form von Gesetzen klar zum Ausdruck bringen, ob es dem Einzelnen erlaubt ist, etwas zu tun oder nicht. Darüber hinaus müssen sowohl die politischen Institutionen einer Gemeinschaft als auch ihre übrigen Mitglieder die Pflicht haben, das Handeln Dritter nicht zu behindern, wenn die gesetzlichen Voraussetzungen hierfür nicht vorliegen.

In politischen Gemeinschaften, die so groß sind wie moderne Staaten und mit Gesellschaften, die so komplex sind wie die heutigen, scheinen staatliche politische Institutionen die einzige Möglichkeit zu sein, diese Struktur von Rechten und Pflichten zu kodifizieren. Diese Institutionen werden in der Regel von einer Regierung geleitet, die sich aus Vertretern zusammensetzt, die von den Bürgern mit einem gewissen Grad an Wahlfreiheit gewählt werden. Diese Form nennen wir liberale repräsentative Demokratie, die heutzutage in vielen Teilen der Welt verbreitet ist.

Die Regierung wird somit zu einem gemeinsamen Organ, das die Struktur von Rechten und Pflichten, die die Freiheit aller garantiert, respektieren und durchsetzen sollte. Auf diese Weise sind die Bedingungen, unter denen wir unsere Freiheiten in den gegenwärtigen politischen Systemen garantieren, weitgehend auf politische Institutionen übertragen worden.

Diese Struktur der Rechte und Pflichten der Bürger wird von den politischen Institutionen im Alltag umgesetzt. Vor allem die Justiz, die judikative Gewalt, ist für das Rechtssystem verantwortlich. Die Judikative eines Landes sollte unabhängig von der Regierung sein, um einem möglichen Machtmissbrauch der Regierenden vorzubeugen.

Negative Freiheit und positive Freiheit
Theoretische Überlegungen zur Freiheit haben verschiedene Denker dazu veranlasst, eine etwas abstrakte, aber nützliche Unterscheidung zu treffen, die wir als positive und negative Freiheit kennen. Der Erste, der über diese beiden Arten von Freiheit schrieb, war Kant und obwohl auch Marx von etwas Ähnlichem sprach, als er sich auf die »formale Freiheit« und »reale Freiheit« bezog, war es Isaiah Berlin, der schließlich

systematisch über das Gegensatzpaar theoretisierte. Vor ihm hatten sich einige seiner Zeitgenossen – zum Beispiel der deutsche Psychoanalytiker und Philosoph Erich Fromm – mit dieser Frage beschäftigt.

Negative Freiheit ist etwas einfacher zu verstehen als positive Freiheit, denn sie ist die »Freiheit von«, also die Freiheit in Bezug auf etwas… Aber in Bezug worauf? Im Allgemeinen könnte man negative Freiheit als Freiheit in Bezug auf Rechtsnormen verstehen. Das heißt, wenn eine Rechtsnorm eine bestimmte Handlung oder Tätigkeit verbietet, dann habe ich nicht die (negative) Freiheit, dies zu tun. In diesem Sinne wird negative Freiheit in den Rechtsnormen auf zwei Arten definiert: entweder durch den ausdrücklichen Hinweis, dass ich frei bin, etwas zu tun oder durch die Abwesenheit eines Verbots. Im ersten Fall ist es ganz klar, dass ich diese Freiheit habe, weil sie mir zugesichert wird. Im zweiten Fall habe ich auch die Freiheit zu handeln, weil es mir nicht ausdrücklich verboten ist.

Die positive Freiheit ist etwas komplexer, weil sie über dem Menschen selbst steht. Das heißt, sie führt das Konzept der Freiheit innerhalb eines sozialen Systems ein. In dieser Konzeption (positive Freiheit) werden die Möglichkeiten, die das System der Freiheiten den Individuen der Gemeinschaft bietet, berücksichtigt, damit sie so viel Freiheit wie möglich, einschließlich der Faktoren ihrer negativen Freiheit, wirksam nutzen können. Positive Freiheit stellt im Grunde jene Freiheit dar, von jeder negativen Freiheit realen Gebrauch zu machen und gleichzeitig einen eigenen Platz im sozialen System nach den eigenen Kriterien zu besetzen.

Negative Freiheit ist die »Freiheit, etwas zu tun«; positive Freiheit kann als die »Freiheit zu«, im Sinne der Selbstverwirklichung des Individuums verstanden werden, d. h. die Freiheit, so zu sein, wie man sein möchte… Positive Freiheit wäre die Fähigkeit eines jeden Individuums, Herr seines Willens zu sein, seine eigenen Handlungen in der Gegenwart und in der Zukunft zu kontrollieren und zu bestimmen und damit auch sein Schicksal zu lenken.

Es ist ein Unterschied, ob ich die Frage in die eine oder in die andere Richtung stelle: Ich kann mich fragen, ob ich in meiner politischen Gemeinschaft das Recht habe, zu reisen oder Richter am Obersten Gerichtshof zu werden oder ich kann in die andere Richtung fragen: Habe ich in meiner Gemeinschaft tatsächlich die Mittel, zu reisen oder Richter am Obersten Gerichtshof zu werden? Deshalb wird oft gesagt, dass positive Freiheit die Vorstellung von Freiheit als Selbstverwirklichung ist, als Freiheit »zu sein«.

Allgemein kann man sagen, dass die positive Freiheit durch den freien Willen des Einzelnen bestimmt wird, d. h. mit seiner Fähigkeit, sehr unterschiedliche Optionen oder Wege zu wählen, um sein Leben selbst zu regeln. Die Einschränkung oder Erweiterung der positiven Freiheit des Einzelnen hängt mit der Art und Weise zusammen, wie sich das politische Gemeinwesen konstituiert und mit den Grundsätzen, die es durch die negative Freiheit zu verwirklichen sucht. Es sind also die etablierten Rechtsnormen (negative Freiheit), die die positive Freiheit einschränken werden.

Eine interessante Frage ist also: Kann oder sollte die negative Freiheit eines Teils der Bevölkerung eingeschränkt werden, um die positive Freiheit der Gesamtheit zu erhöhen? Dies kann geschehen, weil man durch die Hinzufügung bestimmter Rechtsnormen (negative Freiheit) die Möglichkeiten oder Alternativen, aus denen man wählen kann (positive Freiheit), vergrößern kann.

Freiheit, Legalität, Legitimität, Menschenrechte und Würde

In Freiheit zu leben, ist etwas Abstraktes. Wenn wir von Legalität sprechen, geht es jedoch nicht um etwas rein Abstraktes, sondern wir beziehen uns auf eine Reihe von Handlungen oder Meinungen, die in diesem System rechtlich akzeptiert sind. Dies gilt innerhalb eines sozialen Kontextes, der bereits eine etablierte Rechtsstruktur aufweist. Ein Verhalten ist nur dann legal, wenn es in einem bestimmten Rechtssystem ausdrücklich erlaubt oder nicht ausdrücklich verboten ist. Legalität sagt zunächst nichts darüber aus, ob ein politisches System frei oder unfrei ist.

Hier kommt der Begriff der Legitimität ins Spiel, also so etwas wie Legalität mit Gerechtigkeit. Im Gegensatz zur Legalität muss für die Legitimität ein Wertebewusstsein in Bezug auf Handlungen vorhanden sein. Ist es legitim, gegen Steuern zu protestieren? Ist es legitim, für menschenwürdige Arbeitsbedingungen zu protestieren?

All diese Fragen werden wahrscheinlich mit »ja, das ist legitim« beantwortet. Aber auch wenn uns das alles heute legitim und legal erscheint, muss es nicht überall so sein. Was wir als gerecht oder legitim ansehen, ist eng mit unseren Wertvorstellungen verbunden. Wenn Gerechtigkeit einen hohen Stellenwert in unserer Werteskala hat, werden Handlungen, die zu mehr Gerechtigkeit führen, als legitim empfunden. Diese Handlungen müssen von der Gemeinschaft legitimiert werden. Ein Beispiel: Töten, Stehlen, Betrügen... sind Handlungen, die den meisten Menschen illegitim sind, weil es keine Rechtfertigung dafür gibt, da sie gegen die Gerechtigkeit oder gegen die Freiheit der anderen Bürger verstoßen. Gesellschaften versuchen daher, solch illegitimen (ungerechten) Handlungen einzuschränken. Dies schränkt jedoch nicht notwendigerweise die Freiheit der Gesamtheit ein, sondern erweitert vielmehr die Freiheit der Gemeinschaft, indem sie sich selbst vor illegitimen Handlungen schützt.

Die Menschenrechte ihrerseits sind der internationale Ausdruck dieses Systems des Schutzes der Legitimität durch ein System der Legalität (in diesem Fall der internationalen Legalität). Die Menschenrechte bilden ein grenzübergreifendes Wertesystem, über das bisher ein breiter globaler Konsens bestand, welches aber von einigen Ländern und einigen herrschenden Klassen in den westlichen Ländern zu unterdrücken oder einzuschränken versucht wird.

Die Menschenrechte sind einer der möglichen Versuche, diese Würde zu schützen, indem Bedingungen geschaffen werden, die die Chancen jedes einzelnen Menschen, der geboren wird, verbessern.

Eleanor Roosevelt mit der »Allgemeinen Erklärung der Menschenrechte« der Vereinten Nationen, 1949.

Die Versöhnung von Freiheit und Gleichheit: politische Strömungen

Freiheit und Gleichheit sind Grundwerte unserer politischen Kultur. Welche Wertigkeit dem einzelnen Begriff gegeben wird, ist jedoch offen. Liberalismus, Sozialismus und Anarchismus waren in dieser chronologischen Reihenfolge drei breite ideologische Strömungen, in denen der Wert der Freiheit im Mittelpunkt der Debatten stand. Heute sind die Grenzen zwischen Liberalismus und Sozialismus verschwommen. Das hat zwei Gründe: Erstens hat der Sozialismus seit langem auf die revolutionärere Komponente in seiner Lehre verzichtet, indem er sich ideologisch vom Kommunismus distanzierte und zweitens, weil der bürgerliche Liberalismus im 20. Jahrhundert zunehmend die Bedeutung der Gleichheit von Lebensbedingungen als sozialen Faktor akzeptierte.

Vor allem die Idee, dass soziale Gerechtigkeit notwendig sei, um ungerechtfertigte Ungleichheit zu bekämpfen, setzte sich in den politischen Debatten des 20. Jahrhunderts in weiten Teilen der westlichen Welt allmählich durch. Einer der einflussreichsten politischen Theoretiker des Liberalismus des 20. Jahrhunderts war John Rawls. Er erklärte in seiner Theorie der Gerechtigkeit (1971): »Unser Thema ist die soziale Gerechtigkeit und der primäre Gegenstand der Gerechtigkeit ist die Grundstruktur der Gesellschaft und die Art und Weise, in der die großen sozialen Institutionen die grundlegenden Rechte und Pflichten verteilen und die Aufteilung der Vorteile der sozialen Zusammenarbeit bestimmen«.

Rawls entwickelte einen Ansatz, bei dem die Gerechtigkeit die Voraussetzung ist, um das Streben nach voller Freiheit zu verbinden. Der Liberalismus akzeptierte neben dem Recht auf individuelle Freiheit auch das kollektive Recht auf Gerechtigkeit. Nach Rawls haben andere Theoretiker des Liberalismus diese Grundsätze wieder zugunsten der Freiheit verschoben, was wir in wirtschaftlicher Hinsicht als Neoliberalismus bezeichnen.

Die Annäherung des Sozialismus an den Liberalismus war ebenfalls ökonomisch bedingt, indem er die individuellen Rechte akzeptierte. Die Auseinandersetzungen im 19. Jahrhundert zwischen Sozialismus und Liberalismus hatten mit dem Wert des Privateigentums und dem Anspruch auf rechtmäßige (legale) Bereicherung zu tun. Heute ist durchgehend das individuelle Recht auf Eigentum, dessen privater Genuss und öffentlicher Gebrauch anerkannt. Jürgen Habermas (*1929) bekräftigte die Bedeutung von Institutionen und Gesetzen als Instrumente für die notwendige soziale Integration von privatem Eigentum. Habermas wollte den Marxismus weiterentwickeln und ihn an die Moderne anpassen. Es entstanden weitere zeitgenössische Bestrebungen nach Gleichheit und Freiheit, die Feminismus oder Umweltschutz einbezogen.

Der Anarchismus ist die Strömung im politischen Denken, in der der Wert der Freiheit am strengsten und vordringlichsten vertreten wurde. Der Anarchismus hatte seinen Ursprung in einem Text von William Godwin aus dem Jahr 1793, als dieser die britische Regierung kritisierte und seine Vision einer freien Gesellschaft darlegte.

Historisch gesehen wird der Anarchismus jedoch oft als eine Strömung verstanden, die aus der sozialistischen Philosophie des 19. Jahrhunderts hervorging. Michail Bakunin (1814–1876), einer der bekanntesten anarchistischen Denker, sagte: »Die Freiheit eines jeden setzt notwendigerweise die Gleichheit eines jeden voraus und die Freiheit eines jeden wird ohne die Gleichheit eines jeden nicht möglich (...). Es gibt keine wirkliche Freiheit ohne Gleichheit, nicht nur hinsichtlich der Rechte, sondern auch in der Realität. Freiheit in Gleichheit, da ist Gerechtigkeit.«

Die Anarchisten bekräftigen das absolute Recht auf Eigentum, die maximale Deregulierung der Produktionstätigkeit, die Abschaffung von Steuern, die Privatisierung eines großen Teils der staatlichen Dienstleistungen oder den Abbau des Staates. Die sogenannten Anarchokapitalisten wünschen die Abschaffung des Staates und einen unregulierten Markt.

Für die Diskussion über die vertretbare Mindestgröße eines Staates war Robert Nozicks Werk »*Anarchy, State, and Utopia*« (1974) von Bedeutung, in dem er sowohl mit Rawls über die Größe des Staates als auch mit den Anarchokapitalisten über die moralische Rechtfertigung des Liberalismus und über die Notwendigkeit und Rechtfertigung eines Minimalstaates diskutierte.

Liberale Demokratien und autokratische Regime heute

Das Konzept des *liberalen Friedens* entstand in den 1990er-Jahren und hat sich in den folgenden zwei Jahrzehnten etabliert. Dieses Konzept definiert eine hegemoniale Sicht der im Wesentlichen westlichen Weltordnung, wie die internationale Zusammenarbeit aufgebaut werden sollte und wie die darin entstehenden Konflikte gelöst werden sollten. Dieses Konzept wird jedoch von den kritischen Strömungen des internationalen Denkens infrage gestellt, da man diesen kooperativen Frieden mit der Ausbreitung der liberalen Demokratie, der Marktwirtschaft, dem Konzept der Modernisierung der Gesellschaft und mit einem Staatsaufbau nach den Vorlagen der westlichen Mächte, die politisch-ideologisch hauptsächlich liberaler Natur sind, verbindet.

Auf der anderen Seite gibt es Staaten in Asien, Afrika und Lateinamerika, die das heute im internationalen System vorherrschende Freiheitskonzept heftig in Frage stellen. Sie tun dies in der Regel aus zwei Gründen: Entweder weil ihnen die liberale Tradition kulturell fremd ist und sie eigene Formen der politischen Führung und sozialen Organisation suchen oder weil ihre geopolitische Position in der internationalen Ordnung dadurch beeinträchtigt wird, dass ihre Regime nicht den Standards einer liberalen Demokratie entsprechen.

In diesen Fällen fühlen sich diese Staaten benachteiligt, weil sie die Grundprinzipien des westlichen Liberalismus respektieren und einhalten sollen, und reagieren darauf, indem sie deren universelle Gültigkeit und das internationale Recht ablehnen. Einige der Schwierigkeiten, die in den letzten zehn Jahren zwischen Europa und Nordamerika mit Ländern wie China, Iran, Russland, Venezuela oder neuerdings auch Niger auftraten haben mit dieser Frage zu tun. Obwohl jedes dieser Länder und jede dieser Gesellschaften in dieser Frage ihre eigenen Besonderheiten aufweist, geht es im Kern um die Diskussion über die internationale Ordnung und die Werteskala, mit der sie bewertet werden sollen.

HTDGHO alamy - ZUMA Press, Inc.

Blick in den Nationalen Volkskongress in China, der von der Kommunistischen Partei allein beherrscht wird.

Das Recht auf Gedanken-, Meinungs- und Veröffentlichungsfreiheit

Einer der Ursprünge des liberalen Freiheitsbegriffs, der seit dem 18. Jahrhundert in der westlichen Welt verbreitet ist, ist eng mit der Bedeutung der (persönlichen) Meinungsfreiheit und der Veröffentlichungsfreiheit verbunden. Es entsteht jedoch ein gewisser Konflikt, wenn diese Meinung öffentlich zum Ausdruck gebracht wird oder werden soll. Hier entstehen zwei Probleme: Lügen und Hass.

In einem völlig fairen Wertesystem könnte man annehmen, dass ein Bürger das Recht hat, in den Medien keine Lügen zu finden, genauso wie Medienunternehmen die Pflicht haben könnten, stets die Wahrheit zu veröffentlichen. Nicht im Sinne der Gerechtigkeit, sondern im Sinne der Freiheit ist dies jedoch nicht so klar. Habe ich das Recht zu lügen, aus welchem Grund auch immer? Warum kann ich zum Beispiel nicht sagen, dass ich ein Medikament verkaufe, das Krebs heilt, wenn es nicht wirklich heilt? Wenn der Käufer es freiwillig kauft, warum kann ich es ihm nicht verkaufen? Warum kann ich nicht sagen, dass es keinen Klimawandel gibt, obwohl es wissenschaftliche Beweise gibt, die meine Behauptung entkräften? Darf ich nicht denken, sagen und veröffentlichen, was ich will?

Das Thema, lässt sich aber wie folgt zusammenfassen: In einem System von Rechten und Pflichten, wird die Gemeinschaft gezwungen sein, Lügen zu veröffentlichen und meine (in diesem Fall negative) Freiheit einzuschränken. Um die Freiheit des Einzelnen zu schützen, haben alle Menschen das Recht, nicht getäuscht oder betrogen zu werden. Offensichtlich gibt es viele Zwischenstufen in dieser Debatte, denn es ist nicht immer eindeutig, was eine »wahre« und welches eine »falsche« Meinung oder Information ist.

Noch drängender ist die Frage, wenn es um Hassverbrechen geht, das heißt, wenn die Freiheit einer Person, öffentlich zu hassen, eingeschränkt wird. Kann ich in sozialen Netzwerken veröffentlichen, dass »alle Glatzköpfe sterben sollten«…?

Die Frage ist: Sollte die Gemeinschaft die Freiheit dieser Personen auf freie Meinungsäußerung beschränken, nur, weil ihre Äußerungen hasserfüllt gegenüber anderen Menschen sind? Die meisten Justizsysteme beantworten diese Frage mit einem klaren »Ja« und verweigern die (negative) Freiheit, Hass zu veröffentlichen. Es gibt jedoch Widerstände von Gruppen, die argumentieren, dass ihre selbstbestimmte Freiheit auf diese Weise eingeschränkt würde.

Wenn sie daran gehindert werden, ihren Hass frei zu äußern (durch negative Freiheit), wird ihre positive Freiheit ernsthaft beeinträchtigt, selbst dann, wenn ihr Verhalten ethisch verwerflich ist. Diese Menschen verbinden Freiheit ausschließlich mit der Fähigkeit des Einzelnen, seine eigene Vorstellung vom Guten zu definieren und zu verwirklichen, was nicht zwingend die Achtung der Würde anderer Menschen einschließt.

Abschließendes zur Freiheit

Wir denken wenig über unsere eigene individuelle Freiheit nach, wenn wir glauben, dass es eine angemessene gegenseitige Abhängigkeit zwischen uns und den Regeln gibt, die unser Leben in der Gemeinschaft bestimmen. Wenn das Maß an Freiheit, das wir brauchen und wünschen, erfüllt ist, denken wir nicht darüber nach und spielen ihren Wert sogar herunter. Wenn sie jedoch nicht erfüllt ist oder unseren Erwartungen nicht entspricht, dann können wir die Freiheit als etwas absolut Materielles, Körperliches, Konkretes und Greifbares empfinden und verstehen. Als etwas, das unser Leben auf zutiefst reale Weise beeinflusst. Unser Zustand der Freiheit ist also unzureichend. Und es schmerzt, weil uns etwas Wichtiges und Wesentliches für das Glück fehlt: die Freiheit.

Das Grundproblem besteht darin, dass wir viele und alle sehr verschieden sind, aber uns in politischen Gemeinschaften organisieren und Gesellschaften aufbauen, in denen das Gemeinsame auch für jeden Einzelnen einen sehr wichtigen Wert erhält. Darüber hinaus hat der Globalisierungsprozess es möglich gemacht, dass die Grenzen unserer Identitätsgemeinschaft verschwimmen, sich erweitern oder viel komplexer werden, als es bisher der Fall war.

Heute leben wir in einem *globalen Dorf*, in dem wir Probleme, Interessen, Bedürfnisse, Rechte, Konflikte und Zuneigungen teilen … Letztendlich teilen wir, ob es uns gefällt oder nicht, einen Planeten, die Erde, und wir neigen dazu, uns auf ihm zu bewegen. Wir Menschen reisen viel um die Welt. Wir tun dies, um sie zu erforschen, um ihre Ressourcen zu nutzen, um Situationen offener Unsicherheit zu entfliehen, um dort zu helfen, wo wir gebraucht werden, um unsere Lieben zu sehen oder um unsere Lebensbedingungen zu verbessern, oder wir bewegen uns um die Erde einfach aus Freude daran, sie kennen zu lernen.

Die Freiheit wird auch weiterhin im 21. Jahrhundert im Mittelpunkt vieler großer zeitgenössischer Debatten, Konflikte und Vereinbarungen stehen. Und ihr Wert wird weiterhin die Grundlage einiger – wenn nicht aller – der von uns entwickelten politischen Systeme sein. Allerdings wird es schwierig sein, sich darüber zu einigen, was Freiheit bedeutet und vor allem, was sie in der Praxis für jede Gemeinschaft und für jeden Einzelnen bedeutet.

Um die Freiheit in ihrer globalen Dimension zu schützen und sie überall und für alle zu garantieren, wird es notwendig sein, nach den Punkten zu suchen, in denen sie als universeller Wert gelten. Wobei die Forderungen nach jenen Merkmalen, die eher dem politischen oder philosophischen Denken einer bestimmten Gemeinschaft eigen sind, schrittweise aufhoben werden sollten.

Wenn wir frei sein wollen, müssen wir uns darüber im Klaren sein, dass Freiheit nicht aufgezwungen, sondern vereinbart wird, und dass wir, um von den Vorteilen unseres Freiheitsmodells überzeugt zu sein, zunächst die Werte kennen müssen, die hinter den Modellen anderer stehen. Nur wenn wir andere Kulturen gut kennen und versuchen, uns in andere hineinzuversetzen, wenn wir andere universelle Faktoren in unsere Identitäten und Wertvorstellungen einbeziehen ohne auf die zu verzichten, die wir für angemessener halten, nur dann werden wir die Überzeugung, die Fähigkeit und die Kraft haben, zu versuchen und zu erklären, was wir unter Freiheit verstehen.

Freiheit verlangt von jedem von uns viel Wissen, aber auch viel Respekt, viel Geduld und viel Engagement für das Alltägliche. Die Debatte über die Freiheit ist noch offen, und weder die individuelle Lebensweise jeder Kultur, noch die soziale Integration (lokal und global), noch die Stabilität des Ganzen können sich ihr entziehen.

Und diese Stabilität, das Gleichgewicht im System der Rechte und Pflichten aller, ist nichts anderes als soziale

Gerechtigkeit. Es gibt keine Gerechtigkeit ohne Freiheit, und es wird kaum Freiheit ohne Gerechtigkeit geben. Nicht umsonst hat jemand wie Hanna Arendt Freiheit und Gerechtigkeit als die Grundprinzipien der Politik angesehen.

Literatur

Michael ALLINGHAM (2002). Choice Theory: A Very Short Introduction.

Hanna ARENDT (1951). The Origins of Totalitarianism.

ARISTÓTELES (349 a. C.). Ética a Nicómaco.

Mijaíl BAKUNIN (1873). Estatismo y anarquía.

Isaiah BERLIN (1958). Two Concepts of Liberty.

Norberto BOBBIO (1995). Eguaglianza e libertà.

Graciela CHAMORRO (2009). Decir el cuerpo.

Mohamed CHARFI (1999). Islam and Liberty: The Historical Misunderstanding.

Noam CHOMSKY (1971). Problems of Knowledge and Freedom: The Russell Lectures.

Marco Tulio CICERÓN (44 a. C.). De Fato.

CONFUCIO (s. VI-V a. C.). Analectas.

Benjamin CONSTANT (1819). Ancient and Modern Liberty.

Antoine DE SAINT-EXUPÉRY (1946). Le Petit Prince.

René DESCARTES (1637). Discours de la méthode.

Friedrich ENGELS (1884). Der Ursprung der Familie, des Privateigentums und des Staats.

Roberto ESPOSITO (1993). Nove pensieri sulla política.

Roberto ESPOSITO (2003). Communitas.

Erich FROMM (1941). Escape from Freedom.

Antonio GRAMSCI (2017). Escritos. Antología.

Jürgen HABERMAS (1985). Der philosophische Diskurs der Moderne.

Georg HEGEL (1807). Phänomenologie des Geistes.

Immanuel KANT (1781). Kritik der reinen Vernunft.

Immanuel KANT (1785). Grundlegung zur Metaphysik der Sitten.

Piotr KRÖPOTKIN (1892). La Conquête du Pain.

John LOCKE (1690). Two Treatises of Government.

Karl MARX (1845). Thesen über Feuerbach.

Bartomeu MELIÀ (1981). El »modo de ser« guaraní en la primera documentación jesuítica.

John Stuart MILL (1859). On Liberty.

Robert NOZICK (1974). Anarchy, State, and Utopia.

Michael OAKESHOTT (1962). Rationalism in Politics and Other Essays.

George ORWELL (2021). Opresión y resistencia. Escritos contra el totalitarismo.

PLATÓN (370 a. C.). República.

Pierre-Joseph PROUDHON (1863). Du Principe Fédératif.

John RAWLS (1971). A Theory of Justice.

Jean-Jacques ROUSSEAU (1762). Du contrat social, ou Principes du Droit Politique.

François-Marie Arouet, VOLTAIRE (1763). Traité sur la tolérance.